Mr. Keegans Elopement

Winston Churchill

Writat

Diese Ausgabe erschien im Jahr 2024

ISBN: 9789359941929

Herausgegeben von
Writat
E-Mail: info@writat.com

Inhalt

könnte; und die Senioren zeigten ungewöhnliche Achtung vor seinen Meinungen.

Als der *Denver* immer mehr in den Windschatten des Landes gelangte, gingen die Schaumkronen in seitliche Wellen über, und der Wind war nicht mehr zu spüren. An Bord wurden aktive Vorbereitungen getroffen, um vor Anker zu gehen, allerdings mit der bemerkenswerten Abwesenheit von Lärm und Hektik, die für ein modernes Kriegsschiff so charakteristisch ist . Die Bootsbesatzungen machten ihre Boote zum Ausheben frei, die Zurrgurte wurden von den Gangways entfernt und die Ausleger waren zum Auswerfen mit dem Anker bereit. Der Waffenmeister schüttelte die Asche aus seiner Pfeife und brach das Schweigen.

„Ich hasse es, diesen jungen Kerl gehen zu sehen, Dennis", sagte er.

Mr. Keegan verstand offenbar genau, wer der junge Mensch war, auf den er mit diesem etwas unbestimmten Bedauern anspielte, denn er antwortete:

„Er ist der beste junge Mann der Marine, Chimmy; Das kannst du weglegen."

„Ich höre den Navigator sagen", fuhr der Waffenmeister fort, „es besteht kein Zweifel daran, dass er seine Befehle für die Heimreise erhält, wenn wir hier zuschlagen."

Mr. Keegan verfiel in Erinnerungen.

„Ich habe zwei Kadetten-Kreuzfahrten mit ihm gemacht – ihn und Mr. Morgan – und es waren auch wilde Kreuzfahrten. Es gibt nicht viel, was ich nicht für die beiden jungen Kerle tun würde; Sie sind zwei von einer Art, und dann sind sie es nicht." Doch bevor Mr. Keegan diesen offensichtlichen Widerspruch erklären konnte, wurde er aufgefordert, alle Hände zum Frühstück zu rufen. Nachdenklich beobachtete er die Männer, wie sie sich unten auf den Weg machten.

„Stört es Sie, dass die englische junge Dame, mit der Mr. Pennington zusammen war, als wir im Frühjahr hier waren, Chimmy?"

Der Waffenmeister erinnerte sich gut an sie.

„Markieren Sie meine Worte, Chimmy", sagte Mr. Keegan eindrucksvoll, als er die Luke hinunterging, „er wird sie mit nach Hause nehmen."

Nun war der Waffenmeister geneigt, daran zu zweifeln. Er war ein persönlicher Freund der Senhora, die in der Villa, in der die junge Dame lebte, kochte, und die Senhora hatte ihm viel über die fragliche Angelegenheit erzählt. Wie Mr. Pennington und Mr. Morgan die Gewohnheit hatten, fast jeden Abend in die Villa zu gehen, und wie Mr.

Morgan auf der Veranda mit dem Vater der jungen Dame sprach, während Mr. Pennington und die junge Dame ihre Zeit im Garten verbrachten unten oder im Gartenhaus; und schließlich, etwa einen Tag vor der Abfahrt des Schiffes, wie Mr. Pennington ihrem Vater eine Frage gestellt hatte (deren Art die Senhora nur vermuten konnte) und dann die Villa in Eile verlassen hatte. Sie hatte später mitgehört, wie sich der Vater der jungen Dame zum Thema Marineoffiziere äußerte, gegen die er offenbar besondere Vorurteile hegte. All dies hatte der Waffenmeister damals Mr. Keegan anvertraut; aber dennoch hatte Mr. Keegan Ärger vorhergesagt.

„Er wird sich nicht um den Segen des Alten bemühen", hatte dieser Würdige verächtlich gesagt; „Nicht, wenn ich Mr. Pennington kenne, das ist er nicht. Er wird zurückgehen und sie holen, wenn er die Gelegenheit dazu hat." Zu diesem Zeitpunkt hatten die Einwohner von *Denver* nicht damit gerechnet, dass das Schiff nach Madeira zurückbeordert würde.

Am Nachmittag gingen Mr. Keegan und der Waffenmeister in einem Surfboot an Land. Sie saßen beide im Heck, und die Knöpfe ihrer neuen Musterkleidung glänzten wie helle Arbeit. Herr Keegan war mehr als sonst schweigsam und beschäftigt, und als sie am Pier ankamen, gab Herr Keegan dem Mann, sehr zum Erstaunen und zur Empörung seiner Seite, statt wie üblich mit dem Bootsmann über den Fahrpreis zu streiten, einen Dollar Partner, der Waffenmeister. Mr. Keegan achtete überhaupt nicht auf die Proteste seines Freundes, sondern stieg die Steinstufen hinauf und ging voran die Hauptstraße hinauf zur Plaza, wo er in eine Weinhandlung einbog und sich an einen der Tische setzte.

„Wir trinken heute nichts, du Dago", antwortete er auf die lächelnde Frage des Wirts. „Porto ein paar Zigaretten!" Nachdem Herr Keegan sein Portugiesisch gelüftet und die gewünschten Artikel erhalten hatte, holte er eine Rolle Geldscheine aus seiner Tasche, die er gerade vom Zahlmeister erhalten hatte, und begann, sie sorgfältig zu zählen.

„Da, Chimmy", bemerkte er und rollte seinen Tabak von einer Wange zur anderen, während er den Stapel auf den Tisch legte; „Diesmal werde ich nicht satt, und du auch nicht; Außerdem leihe ich keinem der Tyrannen Geld. Aber wenn diese dreiundsiebzig Dollar Mr. Pennington helfen können, die englische junge Dame dorthin zu bringen und sie heute Abend im Paket mitzunehmen, ist er dazu herzlich willkommen; das ist alles." Es war eine sehr lange Rede für Herrn Keegan.

„Wird er es versuchen, Dennis?" fragte der Waffenmeister ungläubig.

„Wird er es versuchen?" Mr. Keegan wiederholte vernichtend. „Schämst du dich nicht für diese Bemerkung, was sind schon drei Jahre mit ihm vergangen?"

Der Waffenmeister zog schweigend an seiner Zigarette und spürte offenbar die Wucht der Zurechtweisung.

„Ja, Chimmy", fuhr Mr. Keegan in milderem Ton fort, „er wird es versuchen." und dann fügte er mit einer Miene großer Geheimhaltung hinzu: „Er überlässt Ihnen und mir einen Großteil der Einzelheiten."

Daraufhin legte er dem Waffenmeister einen Plan vor, der sich über dessen Weisheit und Vollständigkeit nur wundern konnte. Es scheint fast so, als hätte Mr. Keegan eine ähnliche Flucht auf eigene Faust durchgeführt. Mr. Keegans Redegewandtheit war nicht besonders groß, aber er hatte ein bemerkenswertes Talent, seine Bedeutung zu vermitteln, umso bemerkenswerter, weil sein Gesicht völlig ausdruckslos war und er nie irgendwelche Gesten benutzte. Vielleicht lag eines der Geheimnisse seiner Fähigkeit, sich auszudrücken, in der Tatsache, dass er in seinen Erklärungsmethoden abwechselte, mal seine Zuhörer für ihre Dummheit beschämte, mal eine greifbare Schlussfolgerung ausließ, damit sie sich selbst eine ungewöhnliche Wahrnehmung zutrauen könnten . Auf jeden Fall sagte er nie mehr als nötig.

„Jetzt", schloss er, nachdem er auf jedes Detail eingegangen war, „haben Sie Ihre Segelbefehle erhalten, Chimmy. Bitten Sie Ihre Freundin, die Senhora, der jungen Dame zu erzählen, was ich Ihnen gesagt habe. Wir können keine großen Koffer mitnehmen – nichts als eine kleine Ausrüstung. Ich werde für ein Boot und einen Luftpiloten sorgen und um zwei Glocken hier sein."

Der Waffenmeister ging auf die Plaza und mietete eine *Bulla-Carta* . Eine Bulla-Carta ist in Wirklichkeit ein überdachter, mit Vorhängen versehener Schlitten, der von zwei Ochsen gezogen wird. Für die ordnungsgemäße Führung dieser Fahrzeuge sind nach portugiesischer Vorstellung zwei Männer notwendig. Man geht voran, um etwaige ehrgeizige Absichten der Ochsen zu überprüfen, und übernimmt offenbar die Führung. Die Pflichten des anderen sind schwerer zu definieren: Er erhält nebenbei das Fahrgeld und treibt die Ochsen in jenem klagenden, klagenden Ton an, den er, der auf Madeira war, nie vergessen kann und der ihn glauben lässt, dass die portugiesische Sprache eine Sprache sei der Klage. Wie Herr Keegan lapidar bemerkte, läuft auf Madeira alles „auf Schlittschuhen". Die Straßen von Funchal sind mit kleinen Lavablöcken gepflastert, die an den Enden aufgestellt und so poliert sind, dass das Gehen für Menschen, die die Schuhe der Zivilisation tragen, gefährlich wird. Daher betreiben die Bulla-Cartas-Besitzer ein blühendes Geschäft mit Ausländern, insbesondere am Hang, wo ein Fehltritt nicht unerhebliche Folgen nach sich zieht.

„ ER LEHNTE SICH HINTER DEN VORHÄNGEN SEINER ‚BULLA-CARTA‘ ZURÜCK. ”

Oben am Hang, oder vielmehr an den ersten Hängen des Berges, befand sich die Villa, zu der der Waffenmeister wollte. Nur wenige besuchen Madeira, ohne den herrlichen Ausritt zu Pferd auf den Berg zu unternehmen und in einem Weidenschlitten über die polierten Steine den Wahnsinn der Küste zu erleben. Beim Aufstieg blickt der Reisende von seinem Sattel aus über die hohen gelben Mauern auf beiden Seiten in einladende Gärten tropischer Üppigkeit, deren schattenspendende Bäume oft den Weg vollständig über seinen Kopf wölben. Aber der Waffenmeister kümmerte sich nicht darum, in die Gärten zu schauen, und hatte die Vorurteile eines Seemanns gegenüber Pferden; er bevorzugte diskret die Bulla-Carta. Selbst die malerische Prozession der Winzer, denen er beim Abstieg vom Berg begegnete, mit ihren Fellen um die Schultern, machte auf ihn keinen größeren Eindruck, als wären sie ein Entwurf frischer Hände gewesen. Er lehnte sich hinter den Vorhängen seiner Bulla Carta zurück, rauchte braune Papierzigaretten und meditierte über die Ernsthaftigkeit seiner Mission; und er fragte sich, ob die Senhora dem Plan wohlwollend zustimmen würde. Nur einmal, als er sich einem dicken Geistlichen aus dem Kloster oben stellen musste, wurde er aus diesen Überlegungen gerissen. Der Priester stieg in einem Tempo herab, das einer Straßenbahn nicht gewachsen wäre, aber er saß mit so viel Gelassenheit in seinem Schlitten, als würde er einen Segen aussprechen, und sein Führer balancierte geschickt auf den Kufen hinter ihm.

„Für einen heiligen Vater ist er sicher schnell!" rief der Waffenmeister laut und hob die Vorhänge, um einen besseren Blick auf die verschwindende Gestalt zu erhalten; „Aber Dennis heuert ihn nicht für die Zeremonie an – man kann diesen Dagos nicht einmal beim Spleißen vertrauen."

Es war fast dunkel, als der Waffenmeister das Hintertor von Mr. Inglefields Villa erkannte und den Herrn an der Seite anwies, vorzufahren, was er mit viel unnötigem Lärm bewerkstelligte. Daraufhin stieg der Waffenmeister aus und bezeichnete einen etwas höher gelegenen Punkt, an dem die Männer auf ihn warten sollten. Dann öffnete er das Tor und betrat vorsichtig den Garten. Er setzte sich unter eine Bananenstaude, um eine Möglichkeit zu finden, die Aufmerksamkeit der Senhora zu erregen; denn die Stunde war ungewöhnlich für einen Anruf, und die Senhora war zweifellos in der Küche beschäftigt. Da die Villa an einem ziemlich steilen Hangabschnitt lag, lag das Haus deutlich höher als der Garten, und seine breite Piazza befand sich inmitten der Baumwipfel. Hier war eine missliche Lage! Wenn er wartete, bis die Senhora mit dem Kochen des Abendessens fertig war, ihr Abendkleid anzog und auf die kleine Veranda hinunterkam, wo sie ihre Besucher empfing, wäre alles verloren. In Anbetracht der Ansichten, die der Besitzer der Villa zu verschiedenen Zeiten über seinen Beruf geäußert hatte, kam es für ihn nicht in Frage, zur Senhora zu gehen, da Mr. Inglefield ihn zweifellos von der Veranda aus sehen würde. Während er vergeblich versuchte, einen Ausweg zu finden, und sich sehnlichst wünschte, dass Mr. Keegan diese Angelegenheit eine Weile selbst in Angriff genommen hätte, hörte er das Rascheln der Röcke einer Frau, die den Weg herunterkamen. Sein erster Impuls war, auf den Baum zu klettern, aber als er es sich genauer überlegte, beschloss er, still zu sitzen; Es wurde dunkel und man konnte ihn vielleicht nicht mehr sehen, wo er war.

Kaum hatte er diesen Entschluss gefasst, erschien direkt vor ihm ein junges Mädchen auf dem Weg. Sie war groß und blond und hatte die für englische Frauen typische Farbenpracht; und als sie dort in der Dämmerung stand und ihre Augen mit der Hand beschattete, war der Waffenmeister von Bewunderung erfüllt. Von dort, wo sie stand, konnte man durch eine Öffnung in den Bäumen weit hinaus auf den Hafen schauen, und er hatte keinen Zweifel daran, dass ihn das Schicksal Miss Inglefield selbst in den Weg geworfen hatte und dass sie auf die *Denver* blickte . Er stand auf, nahm seine Mütze ab und hustete leicht, um ihre Aufmerksamkeit zu erregen. Als das Mädchen den Ton hörte, ließ sie schnell die Hand sinken und wandte sich ihm zu, ohne jedoch die geringste Beunruhigung zu verraten; Ihr Verhalten war eine Mischung aus Überraschung und Selbstbeherrschung.

Der Waffenmeister war alles andere als selbstbeherrscht; er war im Gegenteil sehr beunruhigt. Miss Inglefield, denn sie war es, wartete darauf, dass er etwas sagte; aber schließlich, daran verzweifelt, sprach sie selbst: –

„Wollten Sie jemanden sehen?“

Die Stimme war sanfter als alles, was der Waffenmeister jemals gehört hatte, und ihre Töne waren so freundlich, dass er Mut fasste.

„Ja, Fräulein“, antwortete er; „Ich schätze, du bist es, den ich sehen möchte.“

"Mich?" rief sie offensichtlich verwundert aus.

„Ich komme aus *Denver*, Miss“, erklärte er.

Der Waffenmeister beobachtete das Mädchen aufmerksam, um zu sehen, welche Wirkung diese Ankündigung haben würde, aber wenn ihre Farbe dunkler wurde, war es zu dunkel, um es zu bemerken.

„Sie kommen also aus *Denver* und möchten mich sehen“, antwortete sie. „Wenn das der Fall ist, wäre es meiner Meinung nach aus vielen Gründen gut, sich ins Sommerhaus zurückzuziehen.“

Sie nahm ihre weißen Röcke und ging voran einen abgelegenen, von Weinreben gesäumten Pfad hinunter zu einer kleinen Laube in der Ecke des Gartens. Der Waffenmeister folgte ihm, nicht ohne Bedenken hinsichtlich seiner Fähigkeit, eine so heikle Mission wie diese zu meistern. Die Leichtigkeit und Würde ihres Auftretens und die Einfachheit ihrer Sprache verwirrten ihn völlig; Er hatte mit keinem anderen Empfang als diesem gerechnet. Als sie das Sommerhaus erreichten, deutete sie ihn auf eine Korbbank und setzte sich neben ihn.

„Ich denke, wir werden hier vor Störungen sicher sein“, sagte sie mit einem ermutigenden Lächeln; und dann fügte sie hinzu: „Hat dich jemand geschickt?“

Obwohl der Waffenmeister die Frage ein wenig seltsam fand, konnte er nicht anders, als zuzugeben, dass sie relevant war.

„Dennis Keegan hat mich geschickt, Miss“, antwortete er.

„Dennis Keegan! Und du möchtest mich sehen – bist du sicher?“

Darin lag eine so offensichtliche Enttäuschung, dass der Waffenmeister verwirrter denn je war. War es möglich, dass Mr. Pennington ihr nichts von Dennis erzählt hatte?

„Dennis ist der Mann, der für Mr. Pennington handelt, wissen Sie, Miss – Sortierer unter seinen Befehlen.“

auf den Weg zum Kloster oben, ohne auf das gelegentliche Gemurmel aus dem Inneren zu achten.

Bei seiner Ankunft im Kloster traf der Waffenmeister unter klugem Einsatz von Mr. Keegans Mitteln Vereinbarungen mit den Schlittenbesitzern, wonach jeder Schlitten um elf Uhr zum Abstieg bereit sein sollte. Er machte ihnen klar, dass eine große Gruppe von Herren aus seinem Bekanntenkreis den Abstieg im Mondlicht machen wollte. Alle versprachen, dass es so werden würde, wie der Senhor es wünschte, obwohl jeder seine persönlichen Zweifel an dem Mondlicht hatte. Nachdem dies erledigt war, begab sich der Waffenmeister nach Funchal, wo er Herrn Keegan in der Weinstube erwartete, der damit beschäftigt war, den portugiesischen Besatzern das Leben unerträglich zu machen. Als der Waffenmeister eintrat, gab er diesen Zeitvertreib abrupt auf und zog ihn in die Ecke.

„Na, Chimmy, geht das?" er hat gefragt.

Der Waffenmeister betrachtete ihn auf eine Weise, die seine Zustimmung zu einem solchen Erzdiplomaten deutlich zum Ausdruck brachte, und begann dann mit einer glühenden Beschreibung seines Anteils an der Transaktion, unterbrochen von häufigen Vorwürfen, ihn nicht vorher über die wahre Lage informiert zu haben der Angelegenheiten. Mr. Keegan hörte mit offensichtlicher Zufriedenheit zu.

„Sie wird keine Badehosen mitnehmen, oder?" erkundigte er sich mit einiger Besorgnis.

Der Waffenmeister gestand, dass er vergessen hatte, die junge Dame in diesem Punkt zu warnen.

„Frauen, Chimmy", sagte Mr. Keegan tiefgründig, „wird niemals Ersatztaggen zurücklassen, wenn sie nicht dafür gemacht sind."

II

DER JUNGE Fähnrich Pennington lag in alles andere als glücklicher Stimmung in der Lounge im Raucherzimmer des Burroughs's Hotel in Funchal. Sein Reisekoffer lag zu seinen Füßen, und seine Koffer befanden sich an Bord des Dampfers, der in dieser Nacht nach England abfahren sollte. Der andere Bewohner des Raumes, sein Freund und Klassenkamerad Morgan, hatte eine absurd unbeholfene Position auf dem Tisch eingenommen, den er immer einem Stuhl vorzog, und redete die meiste Zeit.

Vielleicht könnte nichts den Unterschied zwischen den Temperamenten von Pennington und Morgan besser verdeutlichen als ihre gegenwärtige Haltung. Unter einer offensichtlichen Trägheit und einer scheinbaren Gleichgültigkeit gegenüber seinen eigenen Angelegenheiten und denen anderer verbarg Pennington Eigenschaften, die ihn, so jung er auch war, zu einem der effizientesten Offiziere im Dienst machten. Morgan hingegen hatte ein ständiges Verlangen nach Aufregung, das sich in jeder Handlung verriet. Jetzt wechselte er unruhig von einem Ellbogen zum anderen, während Pennington seine Position seit dem Anzünden seiner Zigarre nicht verändert hatte. Ihre Charaktere fügten sich so gut ineinander, dass kaum eine engere Freundschaft entstanden ist als die, die zwischen ihnen bestand. Morgans Ungestüm wurde durch Penningtons Trägheit, seine Offenheit durch Penningtons Zurückhaltung ausgeglichen, obwohl sie bestimmte Eigenschaften gemeinsam hatten, die man bei einem echten Seemann ausnahmslos findet und die dazu beitrugen, die Bindung zu festigen. Aber es war Pennington, der den Einfluss ausübte, und es war der einzige Einfluss, von dem jemals bekannt war, dass er Morgan beeinflusste. Ihre Namen waren auf der Marineakademie bekannt geworden, wo Morgan Mitglied der Mannschaft gewesen war, deren Kapitän Pennington gewesen war, und seitdem waren sie nur wenig voneinander getrennt worden. Es war ihr besonderes Glück gewesen – denn die Diskrepanz zwischen ihren Positionen war groß gewesen –, die zweijährige Kreuzfahrt gemeinsam als Midshipmen absolvieren zu dürfen, und als Fähnriche waren sie beide zur *Denver beordert worden*. Jetzt, so schien es, war die Zeit für eine lange Trennung gekommen, und beide hatten das Gefühl, wie es nur junge Leute empfinden können, die den größten Teil ihres Lebens unter solchen Umständen verbracht haben, und es fiel ihnen schwer, zu begreifen, dass es noch viele Jahre her sein könnte sie würden sich treffen. Aber nach und nach näherte sich Morgan einem Thema, das sowohl für ihn als auch für Pennington oberste Priorität hatte. Über Morgan hatte man immer gesagt, dass ihn die Probleme seiner Freunde mehr beunruhigten als seine eigenen, und vielleicht reizten ihn die Chancen, die diese besonderen Probleme auf etwas

Gefährliches boten, besonders. Schließlich unterbrach er ihn mit der für ihn charakteristischen Schroffheit:

„Natürlich geht es mich nichts an, Jack, aber wenn ich sehe, wie du so weggehst, ohne Miss Inglefield zu sehen, ohne ihr auch nur eine Zeile zu schreiben, obwohl du vor fünf Monaten heiraten wolltest ihr, ich kann nicht umhin, etwas zu sagen, denn es sieht dir nicht sehr ähnlich. Ich sage dir was, Jack, du wirst vielleicht einiges reisen, aber es wird teuflisch lange dauern, bis du einem anderen Mädchen wie ihr begegnest."

Morgan hielt inne, unsicher, welche Wirkung diese Rede haben würde; Denn außer der Tatsache, dass er Mr. Inglefield um seine Tochter gebeten hatte und abgelehnt worden war, hatte Pennington ihm nichts von der Angelegenheit erzählt. Jetzt lächelte er nur noch ein wenig müde.

„Es hat keinen Zweck, Holländer", sagte er in dem Ton liebevoller Nachsicht, den er seinem Freund gegenüber oft anschlug; „Das ist jetzt alles vorbei."

„Dank Deinem verwirrten, fehlgeleiteten Prinzip!" Morgan fuhr ein wenig herzlich fort. „Ich verzichte auf sie wegen einer Kleinigkeit wie der Weigerung ihres Vaters! Sie hätten vielleicht gewusst, was er gesagt hätte, bevor Sie ihn gefragt hätten; Das hätte ich dir sagen können. Wenn mir das Mädchen genauso am Herzen liegen würde wie dir, Jack, und sie sich genauso sehr um mich gekümmert hätte wie du, wie ich weiß, würde ich sie trotz all der Engländer auf Madeira mit nach Hause nehmen."

„Reden Sie keinen Unsinn, Holländer", sagte Pennington und zündete sich eine weitere Zigarre an; aber Morgan bemerkte, dass seine Hand ein wenig zitterte, als er sie hielt, und das ermutigte ihn.

„Es ist nicht so, als ob Sie so wären wie ich und nur Ihren Lohn hätten", entgegnete er; „Oder es ist nicht so, als würdest du nur den Grundstein für dein eigenes Leben reißen", fuhr er fort und warf die Argumente ein, die ihm einfielen. „Und vielleicht glauben Sie, dass ich nicht weiß, was mit Ihnen los ist, seit wir im Frühjahr von hier weggegangen sind; aber ich tue es, und ich nenne es Schicksal, hierher zurückzukommen."

„Für mich sieht es so aus, als hätte die Abteilung einen ziemlich großen Anteil daran", antwortete Pennington halbherzig. „Aber machen wir uns darüber keine Sorgen, Holländer", fügte er hinzu, ganz auf die Art und Weise, wie er seinen Freund früher zum Schweigen gebracht hatte, als sie zusammen Midshipmen waren. Es schien seine Aufgabe zu sein, für das Trösten zu sorgen, ganz gleich, wem der Ärger bereitete. Aber jetzt würde sich Morgan nicht trösten lassen. Er rutschte vom Tisch und ging neben Pennington in die Lounge.

„Jack", begann er mit einer Ernsthaftigkeit, die sogar Pennington, der an seine Art gewöhnt war, überraschte, „Sie haben ein vollkommenes Recht, Ihr eigenes Leben zu ruinieren, wenn Sie wollen, obwohl viele von uns es hassen würden, wenn Sie das tun würden." Es; Dennoch ist das Ihre eigene Angelegenheit; Aber du hast kein Recht, ihr Leben zu ruinieren. Ich habe mehr Frauen gesehen als Sie, und es gibt einige, die über solche Dinge hinwegkommen. Das wird sie nie tun."

Pennington schwieg. Eine Gruppe kam die Veranda herunter und sang den Refrain einer herzlichen englischen Melodie. Sie setzten sich unmittelbar vor die Fenster des Rauchzimmers und begannen, ihre Pfeifen anzuzünden.

„Früher war sie so ein fröhliches Mädchen", antwortete einer auf eine unverständliche Bemerkung, „aber jetzt geht sie nirgendwo hin."

Pennington und Morgan hörten ziellos zu, ohne genau zu wissen warum. Morgan ärgerte sich über die Unterbrechung, die zu einem so ernsten Zeitpunkt in ihrem Gespräch kam, und es schien seine letzte Hoffnung, seinen Freund zu beeinflussen, zunichte zu machen. Die Lichter im Raucherzimmer waren schwach, und die breiten, karierten Schultern des Redners, der ihm den Rücken zuwandte, waren gegen das Fenster gedrückt, seine Ellbogen ruhten auf dem Fensterbrett. Seine Oxford-Mütze war schwungvoll auf einer Seite seines Kopfes geneigt, und aus der anderen ragte eine Pfeife heraus, als ob sie die Haltung vervollständigen wollte. Das so angesprochene Thema schien für die ganze Gruppe interessant zu sein, denn diejenigen, die immer noch in der Luft summten, blieben stehen, um sich an der Unterhaltung zu beteiligen. Es war offensichtlich, dass es sich um eine Person handelte.

„Wäre sie heute Abend bei uns gewesen, hätten wir nicht so eine furchtbare Langsamkeit erleben müssen", sagte ein anderer.

Hierzu gab es einstimmige Zustimmung.

„Ich frage mich, was der Grund für das Ganze ist?" er machte weiter.

„Sie sagen, es sei irgendein Kerl von der amerikanischen Marine", meldete sich ein anderer freiwillig, „der letzten Frühling hier war ..."

Aber Pennington wartete nicht darauf, mehr zu hören. Er war aufgestanden und sein Griff um Morgans Arm war wie der eines Schraubstocks.

„Lass uns da raus, Holländer", sagte er.

Morgan folgte ihm aus dem Zimmer. Pennington stolzierte in einem Tempo, mit dem er kaum Schritt halten konnte, durch die Korridore und durch das

Büro, in dem Mr. Burroughs, der Inhaber, die *London Times* der Woche zuvor las . Er blickte die beiden mit der Miene eines Mannes an, der längst aufgehört hat, die amerikanischen Eigenheiten zu erklären, und setzte dann seine Lektüre fort. Am Hoteleingang stieß Pennington auf einen Mann, der aus der Dunkelheit hereinkam; Die Wucht des Aufpralls und der schwere Schlag des Reisekoffers gegen die Knie hätten ausgereicht, um einen gewöhnlichen Sterblichen zu betäuben.

Aber Mr. Keegan war kein gewöhnlicher Sterblicher. Er verzichtete auf Penningtons Entschuldigung, salutierte vor ihm und steckte dann mit seiner gewohnten Lässigkeit die Hände in die Taschen. Sowohl Pennington als auch Morgan standen da und betrachteten ihn nicht wenig überrascht und warteten darauf, dass er etwas sagte. Mr. Keegan rollte seinen Tabak von einer Wange zur anderen und musterte sie nachdenklich.

„Sie sind genau der Gentleman, den ich suche, Mr. Pennington", sagte er schließlich; „Aber ich hatte nicht damit gerechnet, dich so bald noch einmal zu vertreiben." Das war zumindest wörtlich zu nehmen.

„Ich auch nicht, Keegan, um die Wahrheit zu sagen", antwortete Pennington und lächelte unwillkürlich, als er den Reisekoffer aufhob. „Es tat mir leid, dass Sie nicht an Bord waren, als ich das Schiff verließ", fügte er hinzu, „denn ich wollte Sie sehen, bevor ich ging."

Mr. Keegan hielt diese Rede offensichtlich für oberflächlich, denn er schenkte ihr keine Beachtung.

„Ich bin hergekommen, um Sie an etwas zu erinnern, das Sie wohl vergessen haben, Sir. Haben Sie alle Ihre Sachen an Bord, Mr. Pennington?" er hat gefragt.

Pennington war verwirrt. Mr. Keegan sah nicht so aus, als hätte er getrunken; Doch dann erinnerte sich Pennington daran, dass sich Mr. Keegans Aussehen unter solchen Umständen nie wesentlich verändert hatte. Er hatte ihn mehr als einmal in einem betrunkenen Zustand gesehen.

„Ich kann mich nicht erinnern, etwas vergessen zu haben, Keegan", antwortete er. „Ich habe heute Nachmittag mein gesamtes Gepäck rausgeschickt."

„Wie wäre es mit Ihren Tickets, Sir?"

Pennington hätte diesen Katechismus von jedem anderen Unteroffizier übel genommen, aber von Mr. Keegan schien es irgendwie keine Unverschämtheit zu sein. Sein Wohlergehen lag ihm schon immer am Herzen.

„Der Agent sollte um zehn mein Ticket für mich haben, Keegan", sagte Pennington. "Warum?"

„Nichts, Sir", sagte Mr. Keegan mit bewundernswerter Gleichgültigkeit, „außer der Waffenmeister und ich wissen von einer bestimmten Dame, die gerne mit Ihnen gehen würde, Sir, wenn Sie Lust hätten, sie mitzunehmen."

Pennington sah verwirrt aus; Aber Morgan, der mit zunehmender Verwunderung zugehört hatte, erkannte sofort den Sinn dieser Nachricht. Er ergriff aufgeregt Mr. Keegans Hand.

„Sagen Sie ihr, dass Mr. Pennington sie mitnehmen wird, Keegan; Natürlich wird er das tun."

„Halt den Mund, Morgan!" sagte Pennington und begann auf und ab zu gehen, während Mr. Keegan sittsam in eine praktische Blumenvase spuckte und wartete. Schließlich blickte Pennington ihn abrupt an.

„Wer hat dir das erzählt, Keegan?"

„Die Dame selbst hat es erzählt –"

„Welche Dame?"

„Miss Inglefield", sagte Mr. Keegan keineswegs beschämt.

"Also?"

„Die Dame selbst hat es dem Waffenmeister gesagt, Sir. Er ist heute Abend zum Dorf hinaufgegangen, um zu sehen, was dort gekocht wird, und ist auf die junge Dame selbst gestoßen, als sie im Garten Luft schnupperte."

Pennington ging wieder auf und ab. Da muss ein Irrtum vorliegen – so etwas hätte *sie bestimmt nicht vorschlagen können*. Das Gewicht der Vorurteile und der eiserne Brauch, der selbst im 19. Jahrhundert der Aufklärung eine Frau daran hindert, ihre Meinung zu äußern, sind so groß, dass Mr. Keegans Aussage durch die Vorstellung, dass die Aussage der Aussage entspricht, jeder wahrscheinlichen Wahrheit beraubt wurde war von Miss Inglefield gekommen. Pennington konnte es nicht glauben.

„Was hat Miss Inglefield zum Waffenmeister Keegan gesagt?" fragte er ein letztes Mal.

„Sie sagte, Sie müssten nur um halb elf zum Hintertor kommen, Sir, und sie wäre bereit", antwortete Mr. Keegan ohne zu zögern.

Zu diesem Zeitpunkt war Morgans Geduld erschöpft.

hinzu: „Solange der Alte keine Achterbahn fährt, hat er heute Abend nicht viel zu bieten."

Pennington war nicht in der Lage, seine Meinung zu dieser Angelegenheit zu äußern, aber er hoffte inständig, dass Mr. Inglefield nichts so Verheerendes für seine Erfolgsaussichten beschert würde. Der Waffenmeister erfüllte offenbar seine Pflicht gründlich, und jeder Schlitten, der an ihnen vorbeifuhr, überzeugte ihn mehr und mehr von der Methode in Mr. Keegans Wahnsinn. Pennington begann zu denken, dass seine Aussagen schließlich doch eine Grundlage haben müssten.

Sie trieben ihre Pferde an, die das rasante Klettern inzwischen schon ziemlich satt hatten. Mr. Keegan verfluchte die „Heelers", wie er sie nannte, als sie angesichts der Geschwindigkeit knurrten, und bot ihnen im nächsten Atemzug einen weiteren Dollar pro Stück an. Nach einer Ewigkeit, die Pennington vorkam, erreichten sie eine Nische in der Wand, wo Mr. Keegan anhielt.

„Bist du das, Chimmy?" rief er mit Bühnenflüstern.

Der Waffenmeister trat hervor.

„Wie wäre es mit den Dingen, Chimmy?" Herr Keegan erkundigte sich. „Sind sie alle unten?"

„Alles unten, bis auf das da", antwortete der Waffenmeister und deutete über seine Schulter. Gerade in diesem Moment wurde ihm klar, dass ein Schlitten nur Platz für zwei Personen bot; und wie er und Mr. Keegan den Fängen des zornigen gewählten Schwiegervaters entkommen sollten, war ein Punkt, über den er zuvor nicht nachgedacht hatte.

„Nun, ich werde-—, Dennis!" rief er profan aus.

Aber Mr. Keegan, der seine Gedanken erraten hatte, verzichtete auf Tadel. Er war schnell dabei, aus der Not eine Tugend zu machen.

„Das ist egal, Chimmy", sagte er tröstend; „Wenn der Alte Zeit damit verschwendet, uns zu kneifen, wird er Mr. Pennington dort nie erreichen."

Pennington zündete ein Streichholz an und sah auf die Uhr; es war fünfundzwanzig Minuten nach elf.

„Es ist Zeit, dass wir dort sind, Keegan", sagte er.

Dies war praktisch ein Eingeständnis zu Gunsten von Herrn Keegan, und Herr Keegan wusste es. Da er den Charakter Penningtons sehr gut verstanden hatte, hatte er die Größe und Feinheit seines Vorhabens erkannt und war, wie wir gesehen haben, perfekt mit diesem Herrn umgegangen. Wenn er jetzt irgendeinen Jubel verspürte, ließ er ihn sich nicht anmerken, denn als Antwort ermahnte er den Waffenmeister lediglich, beim Schlitten zu bleiben und dem Dago nicht aus den Augen zu lassen.

Pennington und Mr. Keegan machten sich so lautlos wie möglich auf den Weg und hielten sich dicht an der Wand. Die Dunkelheit war so intensiv, dass sie gezwungen waren, nach dem Tor zu tasten, und ihre Schritte klangen für Pennington wie Schüsse in der bedrückenden Stille. Nach längerer Suche und als sie gerade dabei waren, zum Waffenmeister zurückzukehren und genauere Informationen einzuholen, kam Pennington zu einer Pause.

„Hier ist es, Keegan", flüsterte er; „Ich kann die Scharniere spüren."

Sie probierten den Riegel, aber das Tor war verschlossen. Mr. Keegan beugte sich zum Schlüsselloch und pfiff leise; aber es kam keine Antwort. „Ich komme rüber, Mr. Pennington", sagte er; „Geben Sie mir Ihre Schulter, Sir."

Mr. Keegan war bald oben auf der Mauer, von wo er auf der anderen Seite leicht nach unten rutschte, und Pennington konnte hören, wie er das Schloss versuchte.

„Ich werde den Hof ein wenig erkunden, Mr. Pennington", rief er durch das Schlüsselloch; „Sie bleiben dort, Sir."

Während Pennington vor dem Tor wartete und eine Minute nach der anderen verging, kehrten all seine Bedenken zurück. Er begann sich wie ein Verbrecher zu fühlen und, was noch schlimmer war, wie ein Narr. Er hätte wissen können, sagte er sich, dass dies alles eine Einbildung des Waffenmeisters war, und er wunderte sich, dass ein so praktisch veranlagter Mann wie Mr. Keegan davon getäuscht worden war. Auch für einen Offizier der US-Marine war es eine heikle Sache, in die man verwickelt wurde. Was für eine köstliche Geschichte würde das ergeben, wenn es im Dienst bekannt würde! Es war nicht so, dass er das Mädchen nicht liebte; Er dachte bitter über Morgans Worte nach und hatte das Gefühl, dass sie nur zu wahr waren. Er erinnerte sich daran, wie sein Herz in seine Stiefel gesunken war, als er hörte, dass sie nach Madeira zurückgeschickt werden sollten, und dann beschloss, mit dem ersten Dampfer abzureisen, wenn seine Befehle dort eintrafen. Und nun wurde er durch die wohlmeinende, aber fehlgeleitete Einmischung seines alten Freundes Mr. Keegan, unterstützt und unterstützt von Morgan und dem Waffenmeister, erneut in die Tiefen des Elends gestürzt und darüber hinaus wahrscheinlich aufgehalten gegenüber seinen Offizierskollegen als Gegenstand der Lächerlichkeit.

Dann drängten sich die Dinge, die passiert waren, als er sie das letzte Mal gesehen hatte, in sein Gedächtnis. Wie deutlich erinnerte er sich an sie —

genau daran, was sie getragen und was sie gesagt hatte! Sie würde ihn niemals ohne die Zustimmung ihres Vaters heiraten, und sie bezweifelte sehr, dass ihr Vater diese Zustimmung geben würde. Sie stand damals neben einem Rosenstrauch; Er konnte sie jetzt sehen – der Busch selbst befand sich nur auf der anderen Seite des Tores. Also war er ins Haus gegangen, um Mr. Inglefield zu suchen, und hatte sie im Garten zurückgelassen, um sich um ihn zu kümmern. Als Pennington diesen schmerzlichen Punkt in seinen Erinnerungen erreichte, glaubte er Schritte auf der anderen Seite der Mauer zu hören. Er hörte aufmerksam zu; es schien, als gäbe es außer dem von Mr. Keegan noch einen weiteren Schritt. Es muss seine Einbildung sein, sagte er sich. Dann hörte man, wie sich ein Schlüssel im Schloss drehte, das Tor öffnete sich und jemand kam heraus.

Es war nicht Mr. Keegan.

"Jack!" rief die Person aus.

„Eleanor!" rief Pennington aus.

Mr. Keegan schloss die Tür, schloss sie diskret wieder ab und steckte den Schlüssel in die Tasche. Er betrachtete die beiden einen Moment lang schweigend, denn sie hatten offenbar seine Existenz vergessen, dann legte er seine Hand auf Penningtons Arm.

„Sichern Sie das jetzt besser, Mr. Pennington", sagte er, „und machen Sie sich auf den Weg." Hier war Herr Keegan gezwungen, eine bestimmte Menge Tabak loszuwerden. „Behalten Sie eine gute Sättigung bei, Mr. Pennington, und Gott segne Sie beide, Sir!"

Pennington ergriff Mr. Keegans Hand und drückte sie.

„Eleanor", sagte er schlicht, „das ist mein alter Freund, Mr. Keegan. Ich werde lange brauchen, um Ihnen zu sagen, wie viel wir ihm schulden."

„Das macht nichts, Sir", antwortete Mr. Keegan, während er seine Mütze abnahm und sich misstrauisch mit dem Ärmel seiner Musterjacke die Augen rieb. „Und, Miss", fuhr er fort, als Anerkennung für eine sehr anmutige Rede, die Miss Inglefield an ihn gehalten hatte, „Sie haben den besten jungen Offizier der Marine."

„Das Allerbeste", wiederholte Mr. Keegan zu sich selbst, als sie gegangen waren; „Sie hat sicher einen Preis bekommen." Er setzte sich an die Wand und begann sich sehr unglücklich zu fühlen, so sehr, dass er völlig nachlässig wurde, was die Verfolgung oder Gefangennahme anging. So war es sein Freund, der Waffenmeister, der ihn etwa zehn Minuten später fand oder vielmehr über ihn fiel.

„Noch etwas vom alten, Dennis?" er erkundigte sich.

Mr. Keegan erhob sich.

„Vielleicht macht er es jetzt", sagte er, „und vielleicht macht er es auch morgen." Wir bleiben einfach einen Moment bereit, für den Fall, dass er unruhig wird. Du hilfst mir, Chimmy, bis ich sehe, ob im Haus Licht brennt."

Mr. Keegan stieg auf die Wand und warf sich sofort auf sein Gesicht.

„Zwei von ihnen kommen mit Laternen hierher, Chimmy", flüsterte er, „und ich glaube, einer von ihnen ist der Alte."

„Wie lange ist das her, Jennings?" sagte eine Stimme, die der Waffenmeister, obwohl sehr aufgeregt, als eine erkannte, die er schon einmal gehört hatte.

„Es hätte ungefähr zehn Minuten dauern können, Sir."

„Warum hast du mich nicht schon früher angerufen – sofort?"

„Hallo, dachte ich, es war Perdita und dieser Seemann, der sie manchmal besuchte, Sir."

Dann folgte eine Zeitspanne, die mit zaghaften Versuchen am Tor beschäftigt war und in der der Waffenmeister deutlich nervös wurde.

„Dank Ihrer – Vermutungen, Jennings, ist Miss Inglefield mit einem …"

Jennings war nicht aufgeklärt; Seine Bemühungen am Tor waren unermüdlich gewesen, und gerade in diesem kritischen Moment stürzte es schwer nach außen. Mr. Inglefield stürmte hinaus, hielt die Laterne bis zu seinem Gesicht und spähte den Hügel hinunter; aber der Waffenmeister war in der Dunkelheit verschwunden.

„Du gehst so schnell du kannst zum Kloster hinauf, Jennings", sagte er; „Ich werde hier auf dich warten."

Jennings lief im Eiltempo den Hügel hinauf, während Mr. Inglefield ruhelos auf und ab ging. Mr. Keegan dachte ängstlich über die Möglichkeit nach, dass es im Kloster noch einen weiteren Schlitten geben könnte, den der Waffenmeister übersehen hatte, als Perdita atemlos am Tatort ankam, und auf jeder Linie ihres Gesichts stand Unruhe geschrieben.

„Ah, Senhor", rief sie, „die Senhorita!"

Der Herr der Villa packte sie an beiden Schultern.

„Du wusstest davon, Perdita", sagte er streng.

„Nein, Senhor, nein; Ich versichere Ihnen, ich weiß nichts."

„Jennings hat mir erzählt, dass er Ihren Freund mit Miss Eleanor gesehen hat.“

„Ich weiß nicht, was Sie meinen, Senhor“, widersprach Perdita aufgeregt; und dann versuchte sie, ihre Muttersprache fließend zu beherrschen, und ließ einen Schwall von Protesten los. Ihre Bemühungen scheiterten jedoch eindeutig daran, Herrn Inglefield zu überzeugen. Anscheinend hegte er das gleiche Misstrauen gegenüber ihrer Rasse wie Mr. Keegan, denn er lehnte sich müde an die Wand und bedeutete ihr, aufzuhören.

„Das reicht, Perdita“, sagte er, woraufhin die Senhora Erleichterung in Tränen fand.

Die Mauer um Mr. Inglefields Villa war so hart und uneben, und Mr. Keegan wurde in seiner Position so beengt, dass er daran dachte, sich im Inneren niederzulassen, als man Jennings zurückkehren hörte. Er wurde von zwei oder drei Portugiesen aus dem Kloster begleitet, war aber zu Mr. Keegans großer Erleichterung ohne Schlitten. Als Mr. Inglefield von der Situation der Freiheitspartei erfuhr, sagte er sehr viele Dinge, die Mr. Keegan von ihm erwartet hatte, fügte jedoch einige Bemerkungen über Pennington hinzu, mit denen Mr. Keegan nicht gerechnet hatte. Schließlich wurde die Denunziation dieses Herrn so heftig, dass Mr. Keegan es nicht länger ertragen konnte.

„Er ist ein hinterhältiger Schurke!“ erklärte Herr Inglefield.

Hier rutschte Mr. Keegan von der Wand herunter und näherte sich dem wütenden, aber erstaunten Vater mit einem etwas rollenden, aber leichten Gang. Er musterte ihn aufmerksam, vielleicht aus Gewohnheit, bevor er ihn ansprach.

"Herr. „Inglefield“, begann er, als würde er eine Regentonne anreden, „ich habe Ihre Gefühle berücksichtigt, bevor ich nach vorne kam, Sir; Aber ich werde nicht tatenlos zusehen und mir nichts über Mr. Pennington anhören, wie Sie es mir erzählt haben.“

Mr. Inglefield schaffte es, sich während der Pause, die Mr. Keegan damit verbrachte, seinen Tabak auf die andere Wange zu legen, so weit zu erholen, dass er wütend ausrief:

„Wer zum Teufel sind Sie, Sir, und was machen Sie an meiner Wand?"

„Ich weiß, dass das hier ziemlich plötzlich kommt", fuhr Mr. Keegan fort, ohne sich die Mühe zu machen, die Frage zu beantworten; „Aber ich möchte jetzt sagen, dass es nirgendwo einen besseren jungen Mann gibt und dass diese Angelegenheit hier nicht seine Schuld war."

„War nicht seine Schuld!" brüllte Mr. Inglefield.

„Nein, Sir", sagte Mr. Keegan kühl; „Ich war es, der die Sache in Ordnung gebracht hat. Ich war es, der Ihre Tochter dazu gebracht hat, dem zuzustimmen, und Mr. Pennington hierher gebracht habe, um sie zu holen; Und wenn Sie mich nicht eines Tages dafür segnen, bin ich Sergeant der Marines.

"Du!" wiederholte Mr. Inglefield mit einer Art Verblüffung.

„ein überaus kluges Stück Arbeit, das wahrscheinlich so beliebt sein wird, wie es es verdient" (*Boston Transcript*), als „solch ein Stück unnachahmlicher Komödie auf literarische Weise, wie es seit Jahren nicht mehr erschienen ist; der reinste, schärfste Spaß" (*Chicago Inter-Ocean*), als „ein humorvoller Sensationsroman der eher ungewöhnlichen Art, ausgesprochen originell und unterhaltsam, eines der besten Konstrukte, die seit langem erschienen sind … ein insgesamt kluger." und abgelegene Art von Buch" (*Philadelphia Evening Telegraph*),

veranlasste die Kritiker nicht dazu, einen zweiten Roman wie Mr. CHURCHILLS „Richard Carvel" zu prophezeien, der beschrieben wurde als:

„Selten, wenn überhaupt, von einer amerikanischen Romanze übertroffen, an Breite der Leinwand, geballter dramatischer Wirkung, Gefühlstiefe und seltener Heiligkeit des Geistes." – *Chicago Tribune.*

„‚Richard Carvel' ist eines der brillantesten Fantasiewerke des Jahrzehnts. Es atmet den Geist wahrer Romantik auf wirklich faszinierende Weise." – *Philadelphia Press.*

„Der Charme des Buches, der sehr groß ist, liegt in der Lebendigkeit seiner Bilder vom Leben Londons und der Kolonien in jenen malerischen Tagen, als sich langsam aber sicher der Geist der Revolution entwickelte." – *Washington Times.*

Nur ein Jahr später erschien Mr. CHURCHILLS nächster großer Roman, „Die Krise", der sich ebenso wirkungsvoll mit den Fragen und Szenen des Bürgerkriegs befasste wie die frühere Geschichte mit dem Kampf zwischen den Kolonien und dem Mutterland. Über die Eigenschaften, die es selten wertvoll gemacht haben, schrieb Herr HAMILTON MABIE :

„‚The Crisis' ist eindeutig der am sorgfältigsten untersuchte und überzeugendste Roman, der bisher über den Bürgerkrieg geschrieben wurde; Keine andere Geschichte bringt den Leser einigen der großen Figuren des Kampfes so nahe; Kein anderer bringt der Fantasie so deutlich die schrecklichen Erlebnisse vor Augen, die denen widerfuhren, die mitten im Sturm standen. „The Crisis" ist eine Fußnote zur amerikanischen Geschichte und zugleich ein mitreißender und bewegender Roman.

„Als Studie über den einfachen, wesentlichen Stoff, aus dem sich die amerikanische Staatsbürgerschaft weitgehend zusammensetzt, ist ‚The Crisis' von tiefem und bleibendem Interesse. Es sollte von jenen Studenten gelesen werden, die sich mit dem amerikanischen Leben jenseits des Meeres befassen und die darauf bedacht sind, „weder zu lachen noch zu weinen, sondern zu verstehen"; denn es bringt die heroische Natur der besten amerikanischen Abstammung zum Vorschein, ihre schnelle Reaktionsfähigkeit gegenüber der erzieherischen Kraft der Gelegenheit,

ihren Einfallsreichtum, ihre bescheidene Würde und Kraft." – *The Times
Saturday Review.*

„Es ist ein hohes Amt, einer neuen Generation von Amerikanern eine erste
lebendige Vorstellung von dem Kampf zu vermitteln, in dem die Nation
wiedergeboren wurde." – *Review of Reviews.*